Grenzen der Urteilsrechtskraft

bei betagter und bedingter Berechtigung.

Sonderdruck aus:
Drei Beiträge zum bürgerlichen Recht.

Heinrich Degenkolb
zum fünfzigjährigen Doktorjubiläum

im Auftrag der Leipziger Juristenfakultät

dargebracht
von
R. Sohm, E. Hölder, E. Strohal.

Grenzen

der

Urteilsrechtskraft

bei betagter und bedingter Berechtigung.

Ein Beitrag zur Lehre von der Rechtsnachfolge.

Von

Emil Strohal.

Leipzig,
Verlag von Duncker & Humblot.
1905.

Nach Abs. 1 von § 325 CPO. wirkt das rechtskräftige Urteil nicht nur für und gegen die Parteien, sondern auch für und gegen „diejenigen Personen, welche nach dem Eintritte der Rechtshängigkeit Rechtsnachfolger der Parteien geworden sind[1]".

Der Begriff des Rechtsnachfolgers (der Rechtsnachfolge) wird in Gesetzgebung und Wissenschaft bekanntlich in einem engeren und in einem weiteren Sinne verwendet. Rechtsnachfolger in jenem Sinne ist nur derjenige, welcher an Stelle des bisher Berechtigten in dessen Rechtsstellung eintritt; als Rechtsnachfolger im weiteren Sinne wird dagegen jeder bezeichnet, der seine Rechtsstellung von dem Rechte eines Anderen ableitet.

Daß der Ausdruck „Rechtsnachfolger" im § 325 CPO. in dem soeben bezeichneten weiteren Sinne zu verstehen ist, darf als sicher gelten und ist auch völlig unbestritten. Vgl. Gaupp-Stein, Kommentar zur CPO. I Erl. III zu § 325; Hellwig, Wesen und subjektive Begrenzung der Rechtskraft S. 94, 95 und Lehrbuch des Civilprozeßrechts I S. 273 ff.

Erhebliche Zweifel ergeben sich jedoch rücksichtlich der Frage, wie es sich mit der Rechtsnachfolge und daher auch mit der Anwendung des § 325 CPO. in den Fällen betagter und bedingter Berechtigung verhält. Die Frage zerfällt wieder in zwei Unterfragen. Denn es ist klar, daß hierbei die Fälle der aufschiebenden

---

[1] Die sich hieran unmittelbar anschließende schwierige und hinsichtlich ihrer praktischen Ziele m. E. noch immer nicht vollständig aufgeklärte Bestimmung des § 325 Abs. 1, daß das rechtskräftige Urteil auch für und gegen die Personen wirkt, welche den Besitz der in Streit befangenen Sache in solcher Weise erlangt haben, daß eine der Parteien oder ihr Rechtsnachfolger mittelbarer Besitzer geworden ist, bleibt in der vorliegenden Untersuchung außer Betracht.

Befristung und Bedingung einerseits und die der auflösenden Befristung und Bedingung anderseits auseinandergehalten werden müssen.

A. Rechtsnachfolge bei aufschiebend betagter oder bedingter Berechtigung.

I. Das Problem, mit welchem sich die nachfolgende Untersuchung beschäftigt, ist kein neues, sondern ein schon längst gestelltes und wird von den meisten für bereits erledigt gehalten. Es spitzt sich auf die Frage nach dem Zeitpunkte zu, mit welchem sich die Rechtsnachfolge vollzieht, wenn jemand sein Recht einem Anderen unter Beifügung einer aufschiebenden Befristung oder Bedingung überträgt, oder wenn er innerhalb des Rahmens seines Rechtes einem Anderen in gleicher Weise ein Recht bestellt[2]).

Eine **zweifache Auffassung** erscheint zunächst als möglich: Man kann entweder sagen, der Andere werde Rechtsnachfolger des Übertragenden (Bestellers) **erst mit dem Eintritte des Anfangstermins, mit der Erfüllung der aufschiebenden Bedingung.** Hieraus würde offenbar zu schließen sein, daß das in einem zwischen dem Übertragenden (Besteller) und einem Dritten in Ansehung des in Frage kommenden Rechtes geführten Prozesse ergangene rechtskräftige Urteil dann noch Rechtskraft für und gegen den Anderen herstelle, wenn die Streitsache zwar nach der Vornahme des Übertragungs-, Bestellungsgeschäftes, aber doch noch vor dem Eintritte des Anfangstermins, der Erfüllung der aufschiebenden Bedingung rechtshängig geworden ist. Es kann aber auch die Meinung vertreten werden, daß die Rechtsnachfolge des Anderen nicht erst mit dem Eintritte des Anfangstermins, der Erfüllung der Bedingung, sondern **bereits mit der Vornahme des Ver-**

---

[2]) Nicht hierher gehören dagegen die Fälle, in denen ein obligatorischer Vertrag unter Beifügung einer Zeitbestimmung oder einer Bedingung abgeschlossen worden ist; denn bei ihnen kann die Frage des Textes überhaupt nicht aufgeworfen werden.

fügungsgeschäftes stattfinde. Nach Maßgabe dieser Auffassung würde das unter den vorhin bezeichneten Umständen ergangene rechtskräftige Urteil für und gegen den Anderen nicht mehr wirken, da dessen Rechtsstellung nicht auf einer nach der Rechtshängigkeit eingetretenen Rechtsnachfolge beruht.

II. Aus den Materialien zum BGB. ergibt sich für unser Thema folgende Ausbeute: Der I. Entwurf des BGB. enthielt im § 192 eine dem jetzigen § 325 CPO. entsprechende und mit diesem hinsichtlich des hier in Betracht kommendes Punktes fast wörtlich übereinstimmende Vorschrift. Aus den Mitteilungen Plancks im Kommentar Bd. I (3. Aufl.) S. 45 ist zu entnehmen, daß die erste Kommission in Erwägung zog, ob die Anwendung des § 192 I. E. auf den Fall einer vor der Rechtshängigkeit mit Beifügung einer aufschiebenden Befristung oder Bedingung erfolgten Rechtsübertragung oder Rechtsbestellung nicht durch besondere Vorschrift schlechthin (und somit ohne Rücksicht auf den Zeitpunkt des Eintrittes des Anfangstermins, der Erfüllung der Bedingung) ausgeschlossen werden solle. Ein darauf gerichteter Antrag[3]) ist jedoch

---

[3]) Laut der metallographierten Protokolle der ersten Kommission S. 425/6. 430/2 waren zwei Anträge gestellt worden. Der erste lautete in dem hier interessierenden Punkte also: „Wenn die Rechtsnachfolge zwar erst nach der Rechtshängigkeit eingetreten ist, aber auf einem Rechtsgeschäft beruhte, durch welches der Rechtsvorgänger in solcher Art gebunden war, daß eine von ihm vorgenommene Veräußerung beim Eintritte der Rechtsnachfolge dem Rechtsnachfolger gegenüber unwirksam war, so wirkt das Urteil gegen den Rechtsnachfolger nur dann, wenn derselbe dem Rechtsstreit als Nebenintervenient beigetreten oder von der Gegenpartei zu dem für die mündliche Verhandlung bestimmten Termin geladen war." Dieser Antrag wurde jedoch später zurückgezogen und durch folgenden von der Mehrheit der Kommission abgelehnten ersetzt: „Gegen Dritte, denen gegenüber eine Veräußerung der Partei unwirksam sein würde, wirkt das gegen die Partei ergangene Urteil nicht. Die Bestimmung des letzten Absatzes findet keine Anwendung, wenn der Dritte von der Gegenpartei zu dem für die mündliche Verhandlung bestimmten Termin geladen war." Beide Anträge gehen von der Voraussetzung aus, daß die Rechtsnachfolge in den hier in Frage kommenden Fällen erst nach der Rechtshängigkeit eintrete. Der erste von ihnen spricht das sogar ausdrücklich aus, während der zweite dieselbe Auffassung erkennbar durchblicken läßt, und beide Anträge wollten daher auch das von ihnen erstrebte Ziel durch eine Ausnahmebestimmung erreichen.

mit der von der Mehrheit der ersten Kommission für durchschlagend gehaltenen Begründung abgelehnt worden, daß der Entwurf die Prozeßführung nicht als Verfügung auffasse, daß daher § 135 (vgl. auch § 142) des (I.) Entwurfs (entsprechend dem § 161 bezw. § 163 BGB.) auf die Prozeßführung keine Anwendung finde und daß der unter einer aufschiebenden Befristung oder Bedingung Berechtigte somit die Prozeßführung desjenigen, welcher bis zum Eintritte des Anfangstermins, der Bedingung, noch der Berechtigte ist, und deren Ergebnis gegen sich gelten lassen müsse.

Mit Rücksicht auf diesen von der ersten Kommission eingenommenen Standpunkt sprechen sich die Motive I S. 378, 379 für die gleiche Entscheidung aus. Zu anderer Lösung gelangen jedoch die Motive V S. 118, wo in freilich nicht ganz klarer Ausführung die Annahme einer erst mit dem Eintritte des Anfangstermins, der Erfüllung der aufschiebenden Bedingung sich vollziehenden Rechtsnachfolge in das Recht des bisher Berechtigten deshalb abgelehnt wird, weil „der Grund des späteren Erwerbs durch das bedingte (betagte) Rechtsgeschäft bereits in unverrückbarer Weise gelegt ist".

III. Literarisch sind unserer Frage bisher nur Planck I (3. Aufl.) S. 44. 45. 280, Hellwig an den bereits a. O. und in allerjüngster Zeit auch Walsmann, Die streitgenössische Nebenintervention (1905), näher getreten[4]). Die beiden zuerst genannten Schriftsteller erachten es für zweifellos, daß die Rechtsnachfolge des Anderen in den uns hier beschäftigenden Fällen erst mit dem Eintritte des Anfangstermins, der aufschiebenden Bedingung und somit nach der Rechtshängigkeit stattfinde[5]), und halten damit zugleich die Voraussetzungen für das Eingreifen des § 325 Abs. 1 CPO. für gegeben.

---

[4]) Die Schrift von Lessing, Begriff der Rechtsnachfolge (1903), nimmt zur Frage keine klare Stellung, von Schwerin, Über den Begriff der Rechtsnachfolge (1905) S. 84. 85, schließt sich mit kurzen Worten der herrschenden Lehre an.

[5]) Diese Auffassung scheint auch von R. Leonhard, Allgemeiner Teil des BGB. S. 404 Anm. 4 geteilt zu werden.

Planck macht sich zwar in seiner Darlegung selbst den Einwurf, ob nach Grund und Zweck „der fraglichen Vorschrift" (damit ist wohl § 325 Abs. 1 CPO. gemeint) nicht eine einschränkende, Fälle unserer Art ausschließende Auslegung gerechtfertigt sein würde[6]); allein er glaubt, dies mit Rücksicht auf die ablehnende Haltung der ersten Kommission gegenüber den gestellten Abänderungsanträgen und die dabei geltend gemachten Gründe nicht weiter verfolgen zu sollen. Auch hier soll dieses Bedenken nicht mehr aufgegriffen, sondern nach wesentlich anderer Richtung hin eine Überprüfung der bisher zur überwiegenden Geltung gelangten Meinung versucht werden. Hierbei wird auch die neue und eigenartige Auffassung Walsmanns zu berücksichtigen sein.

IV. Nach § 158 BGB. „tritt" im Falle eines aufschiebend bedingten Rechtsgeschäftes „die von der Bedingung abhängig gemachte Wirkung mit dem Eintritte der Bedingung ein". Das Gesetz stellt sich hierdurch mit Recht in unzweideutigen Gegensatz zu dem in der gemeinrechtlichen Doktrin noch um die Mitte des vorigen Jahrhunderts fast allgemein anerkannten und erst seitdem mit Erfolg bekämpften[7]) und allmählich überwundenen Dogma von der rückwirkenden Kraft der erfüllten aufschiebenden Bedingung[8]). Nach dieser Theorie war z. B. die aus einer aufschiebend bedingten Eigentumstradition sich ergebende Rechtslage nach Erfüllung der Bedingung so zu beurteilen, wie wenn der Traditionsempfänger „gleich von Anfang an (d. h. von der Vornahme der bedingten Tradition an) Eigentümer gewesen wäre"[9]). Nach dem berufenen

---

[6]) Vgl. aber doch auch R. Leonhard a. a. O., der ohne Anhalt im Gesetz und in den von ihm mit Unrecht angerufenen Motiven I S. 282 und im Gegensatz nicht nur zur früher erwähnten Auffassung der ersten Kommission, sondern auch zur gemeinen Lehre das gegen den bisher Berechtigten über den in Frage stehenden Gegenstand ergangene rechtskräftige Urteil einer von jenem über den Gegenstand getroffenen Verfügung gleichstellt.

[7]) Besonderen Einfluß gewann hierbei die Schrift Windscheids, Wirkung der erfüllten Bedingung (1851), jetzt wieder abgedruckt in Windscheids Gesammelten Reden und Abhandlungen (1904) S. 127 ff.

[8]) Vgl. hierzu den eingehenden Bericht über die Entwickelung der Lehre bei Windscheid-Kipp, Pandekten I § 91 Anm. 1.

[9]) Vgl. Sell, Über bedingte Traditionen (1839) S. 100 ff.; Savigny,

§ 158 BGB. verhält sich dies offenbar anders. Ihm zufolge wird in unserem Falle durch die Erfüllung der Bedingung nicht nach rückwärts hin entschieden, daß der Traditionsempfänger schon zur Zeit der Vornahme des Traditionsgeschäftes Eigentümer war, sondern nur bewirkt, daß er nunmehr Eigentümer wird.

Man hat aber nun geglaubt, hierüber noch hinausgehen und in der Entscheidung des § 158 Abs. 1 zugleich auch eine gesetzliche Festlegung des Zeitpunktes erblicken zu dürfen, mit welchem sich die Rechtsnachfolge des bedingt Berechtigten vollzieht. Ja, es wird sich sogar nicht leugnen lassen, daß diese Auffassung den Schein der Richtigkeit zunächst für sich hat. Denn wenn der Traditionsempfänger in unserem Falle erst mit der Erfüllung der Bedingung Eigentümer wird, und somit durch die Erfüllung der Bedingung daran, daß der Tradent bis dahin Eigentümer geblieben ist, nichts geändert wird, so scheint in der Tat der Eintritt der Rechtsnachfolge des Erwerbers auf einen anderen Zeitpunkt als den der Erfüllung der Bedingung nicht gelegt werden zu können. Dieser Schein dürfte sich jedoch als ein trügerischer erweisen.

Abs. 1 von § 158 BGB. will in bezug auf die uns hier beschäftigenden Fälle [10]) offenbar nicht mehr sagen, als daß ein unter einer aufschiebenden Bedingung vorgenommenes Verfügungsgeschäft mit Notwendigkeit eine auf den Zeitpunkt der Erfüllung der Bedingung gestellte Befristung in sich enthält [11]). Das Gesetz bringt

---

System III S. 151; Jhering in der 1847 erschienenen Rezension von Sells Buche, wieder abgedruckt in den Vermischten Schriften (1879) S. 82; Unger, System des österr. Privatrechts II S. 75. Vgl. übrigens auch noch Dernburg, Pandekten I § 111 Anm. 5.

[10]) Vgl. oben Anm. 2.

[11]) Es handelt sich dabei also nicht um eine Dispositivvorschrift, sondern um ius cogens. Demgemäß kann also z. B. bei bedingter Bestellung eines Nießbrauchs nicht mit dinglicher Wirkung bestimmt werden, es solle durch die Erfüllung der Bedingung nach rückwärts hin entschieden werden, daß die Früchte der Zwischenzeit Eigentum des Nießbrauchers geworden seien. Wohl aber kann der ökonomische Erfolg der Rückwirkung auf dem Wege eines obligatorischen Vertrags erreicht werden (§ 159 BGB.). Vgl. dazu mein Erbrecht (3. Aufl.) I S. 188 Anm. 53 und Enneccerus, Lehrbuch des bürg. R. (3. Aufl.) I S. 464.

dies deutlich dadurch zum Ausdruck, daß es im § 163 die entsprechende Anwendung der für die aufschiebende Bedingung geltenden Vorschriften der §§ 158, 160, 161 auf Rechtsgeschäfte, bei deren Vornahme ein Anfangstermin bestimmt worden ist, anordnet. Die entsprechende Anwendung des § 158 Abs. 1 auf eine mit Beifügung eines Anfangstermins vorgenommene Rechtsübertragung oder Rechtsbestellung aber führt zu dem Ergebnis, daß die auf den Anfangstermin gestellte Rechtswirkung bis zu dessen Eintritt aufgeschoben bleibt. Hiermit ist freilich noch nicht viel gewonnen. Denn wer in den Fällen der aufschiebend bedingten Rechtsübertragung oder Rechtsbestellung den Eintritt der Rechtsnachfolge auf die Erfüllung der Bedingung verlegt, wird bei der Beurteilung von Fällen, in denen die betreffenden Rechtsgeschäfte mit Beifügung einer aufschiebenden Befristung vorgenommen werden, nicht umhin können, die Rechtsnachfolge des Erwerbers erst mit dem Anfangstermin eintreten zu lassen. Allein gerade hierdurch ist der Punkt gegeben, bei welchem eine überprüfende Untersuchung am besten einsetzt.

V. Die Erörterung soll also vorläufig auf die Frage beschränkt werden, wann der Erwerber im Falle einer mit Beifügung eines reinen Anfangstermins[12]) vorgenommenen Rechtsübertragung oder einer im Rahmen des Rechtes des Bestellers in gleicher Weise vorgenommenen Rechtsbestellung Rechtsnachfolger des Übertragenden, Bestellenden im Sinne des § 325 Abs. 1 CPO. wird?

1. Der Entscheidung, daß der in Frage stehende Zeitpunkt begriffsnotwendig mit dem Eintritte des Termins zusammenfalle, stellen sich bereits Bedenken entgegen, wenn man sich konkrete Fälle einer mit Beifügung einer aufschiebenden Befristung vorgenommenen Rechtsübertragung vergegenwärtigt. Es mag dabei insbesondere an die mit solcher Beifügung nach Maßgabe von § 873 BGB. erfolgende Übertragung einer sogenannten subjektiv-persönlichen (d. h. nicht mit dem Eigentum an einem Grundstück verbundenen)

---

[12]) Also eines solchen, der eine Bedingung nicht in sich enthält.

Reallastberechtigung erinnert werden. Hier ist doch wohl folgendes klar: Vor der Übertragung hatte der bisherige Reallastberechtigte in Ansehung der künftig einmal fällig werdenden Leistungen nichts weiter als eine rechtlich gesicherte Anwartschaft. Infolge der mit Beifügung eines Anfangstermins vorgenommenen Übertragung wird aber diese Anwartschaft rücksichtlich der nach dem Termin fällig werdenden Leistungen sofort dem Erwerber übertragen, und scheidet sie somit auch aus dem Rechte des Übertragenden sofort aus. Daß es sich so verhält, wird noch durch folgenden Umstand bestätigt. Der Übertragende kann zweifellos nach der in der angegebenen Weise vorgenommenen Übertragung dasjenige Maß von Recht, welches ihm hinsichtlich der Reallast noch zusteht, nach § 875 BGB. aufgeben und zur grundbücherlichen Löschung bringen. Hierdurch wird selbstverständlich an der Rechtsstellung des Erwerbers nicht das geringste geändert; denn diese ist von den weiteren Schicksalen, welche der beim Übertragenden verbliebene Rest von Rechtsmacht erfährt, ganz unabhängig, sie führt schon vom Zeitpunkte der mit Beifügung des Anfangstermins vorgenommenen Rechtsübertragung ihr selbständiges rechtliches Leben. Unabweisbar dürfte daher auch der Schluß sein, daß der Erwerber schon mit diesem Zeitpunkte Rechtsnachfolger des Übertragenden geworden ist und es also nicht erst mit dem Eintritte des Anfangstermins wird.

2. Das unter Z. 1 für einen Einzelfall gewonnene Ergebnis drängt zu weiteren Schlüssen. Denn wenn es überhaupt richtig ist, so muß es auf einer prinzipiellen Grundlage beruhen, wobei vorläufig noch ungewiß bleibt, wie diese zu begrenzen ist. So könnte man vielleicht zur Annahme geneigt sein, daß die Frage nach dem Zeitpunkte der Rechtsnachfolge nicht für alle Fälle der unter Beifügung eines Anfangstermins erfolgenden Rechtsübertragungen und Rechtsbestellungen gleichmäßig beantwortet werden dürfe, und daß, was in dieser Beziehung vielleicht zutreffe, wenn eine Reallastberechtigung oder ein Rentenrecht[13]) den Gegenstand der Über-

---

[13]) Man denke vor allem an eine Rentenschuldberechtigung nach §§ 1199 BGB.

tragung bilde, in zahlreichen anderen Fällen, z. B. bei der mit Beifügung eines Anfangstermins erfolgenden Eigentumsübertragung an einer **beweglichen** Sache[14]) oder bei der in solcher Weise stattfindenden Bestellung eines Erbbaurechtes[15]), eines Pfandrechtes, einer Hypothek nicht gelten könne.

Was speziell die mit Beifügung eines Anfangstermins vorgenommene Eigentumsübertragung (an einer beweglichen Sache) betrifft, so kann in der Tat gar nicht bezweifelt werden, daß der Erwerber bis zum Eintritte des Termins Eigentümer noch nicht ist. Wie soll damit verträglich sein, daß die Rechtsnachfolge des Erwerbers doch schon mit der Vornahme des Übertragungsgeschäftes eintritt? Demgegenüber ist vor allem daran zu erinnern, daß sich § 325 Abs. 1 CPO. auf die Rechtsnachfolge im weiteren Sinne, d. h. auf alle Fälle des abgeleiteten Erwerbs bezieht. Die für die Beurteilung unseres Falles entscheidende Frage muß somit dahin gestellt werden, ob der vom Traditionsempfänger gemachte abgeleitete Erwerb mit dem Zeitpunkte zusammenfällt, in welchem die Rechtsstellung des Erwerbes so beschaffen ist, daß man sie als Eigentum bezeichnen kann, oder ob nicht vielmehr diejenige Gestaltung, welche die Rechtsstellung des Traditionsempfängers mit dem Eintritte des Anfangstermins erfährt, lediglich eine Folge eines von ihm schon vorher im Zeitpunkte des Übertragungsgeschäftes bereits gemachten abgeleiteten Erwerbes ist? Diese Frage aber kann nur im Sinne der zweiten Alternative beantwortet werden.

Es ist unbestreitbar und unbestritten, daß sich der Traditionsempfänger schon mit dem Zeitpunkte des Traditionsgeschäftes in einer gesicherten, grundsätzlich[16]) vererblichen[17]) und übertragbaren

---

[14]) Die unter einer Bedingung oder einer Zeitbestimmung erfolgende Auflassung eines Grundstücks ist bekanntlich unwirksam (§ 925 Abs. 2 BGB.).

[15]) Hierbei ist zu beachten, daß § 925 Abs. 2 auf die Bestellung des Erbbaurechtes (§ 1015 BGB.) keine Anwendung findet.

[16]) Soweit freilich das in Aussicht stehende Recht selbst unvererblich oder unter Lebenden unübertragbar ist, muß dasselbe auch für die Anwartschaft auf dieses Recht gelten.

[17]) Über die Stellung des römischen Rechtes zu diesem für das heutige

Rechtsstellung befindet. Ihm kommt vor allem die Vorschrift des § 161 BGB. zustatten, zufolge deren weitere Verfügungen, die der Tradent über die Sache nach der Tradition, aber noch vor dem Eintritte des dieser beigefügten Anfangstermins trifft, oder die in dieser Zwischenzeit im Wege der Zwangsvollstreckung oder der Arrestvollziehung oder durch den Konkursverwalter erfolgen, insoweit unwirksam sind, als sie das Ausreifen der Anwartschaft des Traditionsempfängers zu Eigentum vereiteln oder beeinträchtigen würden. Soweit aber eine solche Vereitelung oder Beeinträchtigung infolge des Eingreifens der Vorschriften über den Schutz des gutgläubigen Erwerbs (§ 161 Abs. 3) dennoch eintritt, findet zugunsten des Traditionsempfängers § 816 Abs. 1 BGB. Anwendung[18]). Wird endlich eine Vereitelung oder Beeinträchtigung der Anwartschaft des Traditionsempfängers durch Verschulden des Tradenten oder durch deliktisches Handeln eines Dritten herbeigeführt, so ist der Empfänger in jenem Falle nach § 160 und in diesem nach § 823 BGB. schadensersatzberechtigt[19]).

In analoger Weise bestimmt sich die Rechtsstellung desjenigen, welchem ein Recht mit Beifügung eines Anfangstermins übertragen oder bestellt worden ist, aber auch in allen anderen hier überhaupt in Frage kommenden Fällen.

Obschon dies alles durchaus bekannt und anerkannt ist, so hat man es aber bisher doch merkwürdigerweise versäumt, hieraus den ebenso naheliegenden als notwendigen Schluß zu ziehen, daß der Verfügungsempfänger schon dadurch, daß er mit der Vornahme des Verfügungsgeschäftes die vorhin bezeichnete anwartschaftliche Rechtsstellung erlangt, einen nach den Vorschriften über die Rechtsableitung zu beurteilenden und somit **abgeleiteten Erwerb** macht. Denn es unterliegt doch nicht dem geringsten Zweifel, daß es sich mit der

---

Recht in keiner Weise zweifelhaften Punkte vgl. Enneccerus, Rechtsgeschäft, Bedingung und Anfangstermin (1889) S. 468 ff.

[18]) Vgl. auch Endemann, Lehrbuch I (8. Aufl.) § 77 Anm. 20.

[19]) Vgl. auch Endemann a. a. O. § 77 bei Anm. 25; Enneccerus, Lehrbuch I § 186.

Abhängigkeit der auf Grund einer mit Beifügung eines Anfangstermins getroffenen Verfügung für den Verfügungsempfänger sich ergebenden Anwartschaft von dem Rechte des Verfügenden genau so verhält wie mit der Abhängigkeit des dem Verfügungsempfänger ohne beschränkende Beifügung übertragenen oder bestellten Rechtes von dem Rechte des Übertragenden, Bestellers. Soweit diese Abhängigkeit hier zur Geltung kommt, besteht sie auch dort, und soweit der Verfügungsempfänger im Falle der unbedingten und unbetagten Rechtsübertragung und Rechtsbestellung das in Frage kommende Recht von dem Rechte des Verfügenden ableitet, leitet er auch im Falle der mit Beifügung eines Anfangstermins getroffenen Verfügung von diesem Rechte seine rechtlich gesicherte Anwartschaft ab.

Das ist bisher übersehen oder doch nicht herausgestellt worden, und zwar, wie es scheint, infolge der Überschätzung des Begriffs des subjektiven Rechtes. Man hat in der Lehre von der Rechtsnachfolge fast ausnahmslos nur an die ausgewachsenen subjektiven Rechte (und Verpflichtungen) gedacht und dabei diejenigen Rechtsstellungen, Rechtspositionen, Rechtslagen, welchen man die Bezeichnung „subjektives Recht" noch nicht beizulegen pflegt, unberücksichtigt gelassen oder wenigstens unterschätzt[20]). Und doch ist klar, daß es für das Wesen des abgeleiteten Erwerbes nur darauf ankommt, ob jemand seine vorteilhafte Rechtsstellung von der Rechtsstellung eines Anderen ableitet, während es durchaus gleichgültig ist, welche Bezeichnung die herrschende juristische Terminologie für die in Frage kommende Rechtsstellung in Bereitschaft hält[21]).

---

[20]) Vgl. dazu mein Erbrecht I S. 16, ferner die Ausführungen Kohlers in dessen Lehrbuch des bürg. Rechts I S. 152 ff. über „Rechtslagen"; nach Kohlers Terminologie sind übrigens die uns hier beschäftigenden Anwartschaften bereits erheblich mehr als die bloßen „Rechtslagen".

[21]) Es fehlt übrigens nicht an Schriftstellern, die unserer Anwartschaft den Charakter eines subjektiven Rechtes ausdrücklich zusprechen. Vgl. Unger, System II S. 91 Anm. 7, der in dieser Beziehung von einem „festen und vererblichen Rechte auf die Erwerbung eines Rechtes" redet. Ähnlich Enneccerus, Lehrbuch I § 186 a. E., welcher in Anknüpfung an seine Ausführungen

Zur Verkennung des überaus einfachen juristischen Sachverhalts hat übrigens sehr erheblich auch der Umstand beigetragen, daß man im Kampfe gegen das Dogma von der rückwirkenden Kraft der erfüllten Bedingung zu einer Überspannung der rechtlichen Bedeutung des in der aufschiebenden Bedingung zugleich enthaltenen Anfangstermins gelangt ist und in dem Bemühen, diese Bedeutung mit tunlichster Schärfe herauszustellen[22]), sich des schon mit der Vornahme des Verfügungsgeschäftes zusammenfallenden abgeleiteten Erwerbes der Anwartschaft nicht bewußt geworden ist[23]).

Dazu kommt endlich noch, daß das ganze Problem durch das, was uns die Materialien zum BGB. über die einschlagenden Verhandlungen der ersten Kommission berichten, nicht nur nicht geklärt, sondern vielmehr verdunkelt worden ist. Denn man beruhigte sich nunmehr dabei, daß der Anwärter die Prozeßführung des bisher Berechtigten deshalb gegen sich gelten lassen müsse, weil sie — was

---

in dem Buche über das Rechtsgeschäft usw. S. 600 ff. den Ausdruck: „Erwerbsberechtigung" wählt. Bekker, Pandekten II S. 310 ff. bezeichnet die Rechtsstellung unseres Anwärters als „Vorrecht" im Gegensatze zu dem mit dem Eintritte des Anfangstermins zur Wirksamkeit gelangenden „Vollrecht".

[22]) Die ältere gemeinrechtliche Lehre, die sich noch bei Savigny, System III S. 210 findet, nahm bekanntlich an, daß der Verfügungsempfänger im Falle einer unter Beifügung eines reinen Anfangstermins erfolgenden Rechtsübertragung oder Rechtsbestellung das fragliche Recht selbst schon sofort erwerbe, und daß bis zum Eintritte des Termins nur die Ausübung des Rechtes aufgeschoben sei.

[23]) Am weitesten entfernt sich von der richtigen Auffassung Siméon, Das Wesen des befristeten Rechtsgeschäfts (1889) S. 93 ff. Er nimmt im Falle eines Verfügungsgeschäftes der im Texte vorausgesetzten Art lediglich „objektive Gebundenheit" des Gegenstandes der Verfügung an und leugnet hinsichtlich der Zeit vor dem Eintritte des Termins jeden wie immer gearteten Erwerb des Verfügungsempfängers. Den Beweis hierfür will er aus der nach Maßgabe der römischen Quellen in dem Falle, daß ein Sklave sub die manumittiert ist, sich ergebenden Rechtslage führen. Sicherlich können auch im heutigen Rechte verwandte Gestaltungen vorkommen; vgl. hierzu BGB. § 331 Abf. 2, 2101. Allein daraus, daß ein Erwerb dort ausgeschlossen ist, wo es an einem Rechtsträger fehlt, kann doch unmöglich geschlossen werden, daß die Erlangung der Anwartschaft durch einen bereits vorhandenen Rechtsträger für diesen keinen Erwerb bedeutet.

ja in der Tat zutrifft — keine Verfügung im Sinne des § 161 BGB. sei, und wurde durch dieses scheinbar schlagende Argument von der allein entscheidenden Frage nach dem Zeitpunkte des vom Anwärter gemachten abgeleiteten Erwerbes abgelenkt.

3. Bisher ist vorausgesetzt worden, daß die mit Beifügung eines Anfangstermins erfolgte Rechtsübertragung oder Rechtsbestellung vom Berechtigten ausgegangen ist. Die Verfügung kann aber auch von einem Unberechtigten getroffen worden sein²⁴). Auf folgende Möglichkeiten mag besonders eingegangen werden:

a) Der Scheinerbe verfügt in Ansehung eines zu einem Nachlaß gehörenden Gegenstandes unter Beifügung eines Anfangstermins. Hier gestaltet sich die Rechtsstellung des Erwerbers, sofern dieser nur die Unrichtigkeit des Erbscheins nicht kennt und auch nicht weiß, daß das Nachlaßgericht die Rückgabe des Erbscheins wegen Unrichtigkeit verlangt hat, genau so, wie wenn die Verfügung vom wahren Erben getroffen worden wäre (vgl. §§ 2365—2367 BGB.). Der durch den öffentlichen Glauben des Erbscheins vermittelte Erwerb besteht also bei der vorausgesetzten Sachlage in der Erlangung der Anwartschaft auf dasjenige Recht, welches mit dem Eintritte des Anfangstermins zur Wirksamkeit gelangen soll. Dies ergibt sich mit voller Sicherheit aus den §§ 2366, 2367. Denn unter eine dieser Vorschriften fällt die durch den legitimierten Scheinerben erfolgende Einräumung der Anwartschaft auf einen zum Nachlaß gehörenden Gegenstand oder auf ein Recht an einem solchen Gegenstand jedenfalls. Erblickt man in dieser Anwartschaft bereits ein „Recht" im Sinne des § 2366, so greift dessen Bestimmung durch; glaubt man aber den Ausdruck „Recht" im § 2366 in einem engeren, unsere Anwartschaft nicht in sich begreifenden Sinne nehmen zu müssen, so stellt sich die Einräumung der Anwartschaft durch den Scheinerben als ein zwar nicht unter § 2366 fallendes, aber eben deshalb durch § 2367 getroffenes Verfügungsgeschäft²⁵) in Ansehung eines zum

---

²⁴) Dieser Punkt ist, so weit ich sehe, bisher noch niemals berührt worden.
²⁵) Über das Verhältnis des § 2366 zu § 2367 vgl. mein Erbrecht II S. 166.

Nachlaß gehörenden Gegenstandes bar. Zwingend ist daher auch der weitere Schluß, daß die in den §§ 2366, 2367 geforderten Schutzvoraussetzungen nur zu der Zeit, in welcher die Erlangung der Anwartschaft zur Perfektion gelangen soll, vorhanden zu sein brauchen, und daß es dem rücksichtlich der Anwartschaft durch den öffentlichen Glauben des Erbscheins geschützten Erwerber nicht mehr schaden kann, wenn er nach dem Erwerbe der Anwartschaft, aber noch vor dem Eintritte des Anfangstermins von der Unrichtigkeit des Erbscheins oder von dem auf Rückgabe des Erbscheins gerichteten Verlangen des Nachlaßgerichts Kenntnis erlangt.

Dies ist aber wieder für die Lösung der uns beschäftigenden Hauptfrage von entscheidender Bedeutung. Die kraft des öffentlichen Glaubens des Erbscheins zugunsten des Erwerbers eintretende Wirkung kann nämlich selbstverständlich nicht stärker sein als diejenige, welche sich an eine vom wahren Erben vorgenommene Verfügung gleichen Inhalts knüpft. Behandelt das Gesetz daher in jenem Falle schon die Erlangung der Anwartschaft als einen den „Vorschriften zugunsten derjenigen, welche Rechte von einem Nichtberechtigten herleiten", unterliegenden Erwerb, so anerkennt es damit zugleich, daß sich der abgeleitete Erwerb des Anwärters in diesem Falle schon mit der Erlangung der Anwartschaft auf das ius futurum und somit nicht erst mit dem Eintritte des Anfangstermins vollzieht.

b) Zu demselben Ergebnis führt die Heranziehung der auf den öffentlichen Glauben des Grundbuchs sich beziehenden Vorschriften der §§ 892, 893 BGB.[26]). Erfolgt also z. B. unter Beifügung einer aufschiebenden Befristung die Bestellung eines Erbbaurechtes, einer Grunddienstbarkeit[27]), einer Hypothek, Grund-

---

[26]) § 893 verhält sich zu § 892 im wesentlichen ebenso wie § 2367 zu § 2366: vgl. mein Erbrecht II S. 163 Anm. 22.

[27]) Von der unter Beifügung eines Anfangstermins erfolgenden Bestellung einer persönlichen Dienstbarkeit wird an dieser Stelle deshalb abgesehen, weil die in Aussicht genommene persönliche Dienstbarkeit zur Wirksamkeit nur gelangen kann, wenn der Anwärter den Anfangstermin erlebt, und in der Befristung also zugleich auch eine Bedingung enthalten ist.

schuld, Rentenschuld, eines dinglichen Vorkaufsrechtes, einer Real=
last, oder erfolgt, soweit die genannten Rechte abgetreten²⁸) oder
belastet werden können, in gleicher Weise die Abtretung oder Be=
lastung eines solchen Rechtes durch einen Nichtberechtigten, so er=
langt der Erwerber bei Vorhandensein der Schutzvoraussetzungen
der §§ 892, 893 die in Frage kommende Rechtsanwartschaft kraft
des ihm zustatten kommenden öffentlichen Glaubens des Grund=
buchs.

c) Soweit im Fahrnisrecht ein Erwerb auf Grund der Ver=
fügung eines Nichtberechtigten stattfindet (vgl. besonders §§ 932
bis 936, 1207, 1208 BGB.), greift er sicherlich auch durch, wenn
ein Nichtberechtigter bei Vorhandensein der allgemeinen Schutz=
voraussetzungen einem Anderen mit Beifügung einer aufschiebenden
Befristung ein Recht überträgt oder bestellt. Dies ist, obschon es
an so weitgefaßten Bestimmungen, wie sie die §§ 2366, 2367 hin=
sichtlich des öffentlichen Glaubens des Erbscheins, und die §§ 892,
893 hinsichtlich des auf dem öffentlichen Glauben des Grundbuchs
beruhenden Schutzes enthalten, auf dem Gebiete des Fahrnisrechtes
fehlt, aus § 161 Abs. 3 in Verbindung mit § 163 BGB. zu er=
schließen. Denn nach dieser auch für das Gebiet des Fahrnisrechtes
maßgebenden Bestimmung finden die Vorschriften zum Schutze der=
jenigen, welche Rechte von einem Nichtberechtigten herleiten, auf
die uns hier beschäftigende Anwartschaft entsprechende Anwendung.
Zunächst nach der Richtung hin, daß die rechtswirksam entstandene
Anwartschaft infolge des Eingreifens jener Vorschriften ihre Wirk=
samkeit einbüßen kann, und daß dann dem bisherigen Anwärter
der kondiktionenrechtliche Schutz nach § 816 Abs. 1 BGB. zu teil
wird. Wird aber unser Anwärter in dieser Beziehung auch im
Fahrnisrecht als ein bereits Berechtigter behandelt, über dessen
Rechtsstellung ein Nichtberechtigter verfügt, so müssen auch für den
Erwerb dieser Rechtsstellung die fahrnisrechtlichen Vorschriften

---

²⁸) Hinsichtlich der Übertragung des Erbbaurechtes ist zu beachten, daß
§ 925 Abs. 2 auch für sie maßgebend ist: vgl. § 1017.

über den Schutz des gutgläubigen Erwerbes zur Anwendung gebracht werden.

4. Ist auf Grund der mit Beifügung eines Anfangstermins getroffenen Verfügung eine Rechtsanwartschaft zur Entstehung gelangt, so wächst sie sich mit dem Verlaufe der vor dem Anfangstermin liegenden Zeit von selbst und somit, ohne daß es dazu eines neuerlichen Übertragungs-, Bestellungsaktes bedarf, und ungeachtet der inzwischen etwa erfolgten Eröffnung des Konkurses über das Vermögen des Verfügenden, zu dem bisher nur eventuellen Rechte aus. Was sich bereits aus der Ausführung unter Z. 1 und 2 ergeben hat, wird durch die Betrachtung dieses Vorganges bestätigt. Obschon die Rechtsstellung des Erwerbers infolge des Ausreifens der Anwartschaft zum vollen Rechte eine Veränderung erfährt, so kann diese doch keinesfalls auf einem erst mit dem Eintritte des Anfangstermins vor sich gehenden abgeleiteten Erwerbe beruhen. Einer solchen Annahme steht zweifaches entgegen:

a) Soweit die Vorschriften über den abgeleiteten Erwerb durchgreifen, kann der auf Grund einer Rechtsübertragung Erwerbende niemals mehr Recht erlangen als derjenige, in dessen Recht er eintritt, zur Zeit der Rechtsnachfolge selbst hatte.

In den Fällen der mit Beifügung eines Anfangstermins vorgenommenen Rechtsübertragung stellt sich aber das dem Erwerber mit dem Eintritte des Anfangstermins zukommende Recht immer als stärker heraus als dasjenige Maß von Recht, welches dem Übertragenden nach der Vornahme des Übertragungsaktes bis zum Eintritte des Anfangstermins verblieb. Denn während dieser Zeit hatte der Übertragende nur mehr ein durch die Anwartschaft des Erwerbers, sowohl hinsichtlich des Könnens als auch hinsichtlich des Dürfens beschränktes und gelähmtes und dem inneren Absterben verfallenes Recht, wogegen das für den Erwerber aus der schon vorher erlangten Anwartschaft sich entfaltende Recht dieser Einschränkung selbstverständlich nicht unterliegt und daher auch nicht aus jenem beim Übertragenden nach dem Übertragungsakte noch verbliebenen residuum von Rechtsmacht abgeleitet sein kann.

b) Durch die mit Beifügung eines Anfangstermins erfolgte Übertragung des Eigentums an einer beweglichen Sache sowie durch die in Ansehung einer beweglichen Sache oder eines Grundstücks in gleicher Weise vorgenommene Bestellung eines beschränkten dinglichen Rechtes wird der Übertragende, Bestellende nicht gehindert, das Eigentum an der beweglichen Sache nach § 959 und das Eigentum am Grundstück nach § 928 BGB. aufzugeben²⁹). Die Vorschrift des § 161 Abs. 1 greift hier also aus dem Grunde nicht ein, weil in dem Verzichte des bisher Berechtigten auf das ihm verbliebene Maß von Recht eine die Rechtsstellung des Anwärters beeinträchtigende Verfügung über die Sache nicht gelegen ist. Muß aber hiernach als möglich erachtet werden, daß der Übertragende, Besteller, was er an Recht noch hatte, vor dem Eintritte des Anfangstermins durch Verzicht eingebüßt hat, so gelangt man abermals zum Schlusse, daß die mit dem Anfangstermin vor sich gehende Verwandlung der Anwartschaft in das bisher erwartete Recht selbst nur eine Folge des durch die Erlangung der Anwartschaft bereits gemachten abgeleiteten Erwerbes³⁰) ist.

VI. Unsere Erörterung wendet sich nunmehr der unter einer aufschiebenden Bedingung vorgenommenen Rechtsübertragung bezw. Rechtsbestellung zu. Ohne Zweifel erlangt der Verfügungs-

---

²⁹) Vgl. aber doch auch §§ 1071, 1276 BGB., zufolge deren ein mit einem Nießbrauch oder mit einem Pfandrechte belastetes Recht durch Rechtsgeschäft nur mit Zustimmung des Nießbrauchers bezw. Pfandgläubigers aufgehoben werden kann. Dasselbe wird auch zu gelten haben, wenn die Bestellung des Nießbrauchs, des Pfandrechtes unter Beifügung eines Anfangstermins oder einer aufschiebenden Bedingung erfolgt ist.

³⁰) Durch das im Texte Gesagte ist übrigens nicht ausgeschlossen, daß eine nach Vornahme der unter Beifügung eines Anfangstermins getroffenen Verfügung eintretende Verbesserung der Rechtsstellung des Verfügenden dem Anwärter zustatten kommt. Beispiel: Nachdem der Grundstückseigentümer einem Anderen in der angegebenen Weise eine Hypothek bestellt hat, erwirbt er für sein Grundstück eine Grunddienstbarkeit. Mit Rücksicht auf § 96 BGB. verbessert sich hierdurch ohne Zweifel auch die Stellung des Hypothekars. Ganz dasselbe würde aber auch zutreffen, wenn die Bestellung der Hypothek ohne Beifügung eines Anfangstermins erfolgt wäre.

empfänger durch solche Verfügung zunächst nur eine Anwartschaft auf dasjenige Recht, dessen Verwirklichung von der Bedingung abhängig gemacht ist, und kommt ihm die diesem Rechte entsprechende Stellung erst mit der Erfüllung der Bedingung und keinesfalls nach rückwärts hin schon mit der Vornahme der bedingten Verfügung zu. Um was es sich handelt, ist also allein, ob sich nicht auch hier schon die Erlangung der Anwartschaft als ein vom Verfügungsempfänger gemachter abgeleiteter Erwerb darstellt, so daß sich aus ihm das erwartete Recht mit dem Eintritte der Bedingung als ein grundsätzlich[31] auf demjenigen Rechte, welches der Verfügende zur Zeit der Verfügung hatte, und nicht auf demjenigen, welches ihm nach der Verfügung verblieb, beruhendes entwickelt.

Für die Entscheidung ist von ausschlaggebender Bedeutung, und zwar in noch viel höherem Maße als bei den unter Beifügung eines Anfangstermins getroffenen Verfügungen, daß Gegenstand des abgeleiteten Erwerbes nicht nur ausgewachsene subjektive Rechte, sondern auch Rechtsstellungen sein können, die subjektive Rechte nicht sind, oder als solche doch gemeiniglich nicht angesprochen werden. So sind insbesondere auch sogenannte bedingte Berechtigungen grundsätzlich vererblich und übertragbar[32]. Ein interessantes Beispiel[33] hierfür liefert die Vorschrift des § 976 Abs. 1 BGB. Bekanntlich erwirbt der redliche Finder mit dem Ablaufe der im § 973 bestimmten Jahresfrist unter gewissen Voraussetzungen das Eigentum an der gefundenen Sache. Ob es zu diesem Erwerbe kommt, hängt von zukünftigen ungewissen Umständen ab. Dessenungeachtet ist die rechtliche Aussicht des Finders auf den Erwerb des Eigentums nicht nur vererblich, sondern sie geht in dem in § 973 Abs. 1 bezeichneten Falle von Rechts wegen auf die Gemeinde des Fundortes über, und das Gesetz bezeichnet dabei als das, was übergeht, ganz unbefangen „das Recht zum

---

[31] Vgl. hierzu Anm. 30.
[32] Dies ist allgemein anerkannt; vgl. aber doch oben Anm. 16.
[33] Vgl. auch Enneccerus, Rechtsgeschäft S. 603.

Erwerbe des Eigentums an der Sache". Selbst wenn man es vorsichtig vermeidet, aus der vom Gesetz gewählten Ausdrucksweise weitere Schlüsse zu ziehen, so drängt sich doch folgende Erwägung auf: Wenn eine Rechtsstellung so beschaffen ist, daß sie als Nachlaßaktivum vererbt werden und auch unter Lebenden auf einen Anderen übergehen kann, so muß doch auch schon die Begründung dieser Rechtsstellung einen Erwerb bedeuten. Erfolgt diese Begründung aber durch Verfügung, so müssen für den hierdurch vermittelten Erwerb die Vorschriften über die Rechtsableitung von dem Rechte des Verfügenden maßgebend sein.

Die Rechtsstellung des kraft rechtsgeschäftlicher Verfügung bedingt Berechtigten besteht nun darin, daß ihm der Erwerb des in Aussicht gestellten Rechtes als ein mit der Erfüllung der Bedingung von selbst eintretender nach Maßgabe der §§ 160, 161 gesichert ist. Ob diese Anwartschaft — und darin unterscheidet sie sich von der auf nur betagter Verfügung beruhenden — überhaupt zur Verwirklichung gelangen wird, ist vorläufig ungewiß. Möglicherweise stellt sie sich als Niete heraus, und praktische Bedeutung hat sie für den Anwärter nur für den Fall, daß die Bedingung erfüllt wird. Im Hinblick auf diese Möglichkeit stellt die Rechtsordnung die Anwartschaft des bedingt Berechtigten derart unter ihren Schutz, daß sie schon hinsichtlich der Zeit während des Schwebens der Bedingung zu Lasten des Verfügenden und selbst dritter Personen und zugunsten des Anwärters die in den §§ 160, 161 BGB. (in Verbindung mit §§ 816, 823) bestimmten Rechtsfolgen in gleicher Weise eintreten läßt, wie sie es zur Sicherung der auf betagter Verfügung beruhenden Anwartschaft hinsichtlich der Zeit vor dem Eintritte des Anfangstermins tut.

Dies ist übrigens keine vereinzelte Erscheinung. Es kommen vielmehr auch sonst Rechtsstellungen und darunter auch subjektive Rechte im technischen Sinne vor, die praktischen Inhalt erst dadurch erhalten, daß ein künftiger, vorläufig noch ungewisser Umstand dem Inhaber der Rechtsstellung die Möglichkeit verschafft, den ihm im voraus zur Verfügung gestellten rechtlichen Schutzapparat zur Verwendung zu bringen.

So verhält es sich vor allem mit dem dinglichen **Vorkaufs- recht** des § 1094 BGB. Die den wesentlichen Inhalt dieses Rechtes bildende Befugnis wird nur ausgelöst, wenn der Eigentümer in Ansehung des belasteten Grundstücks mit einem Dritten einen Kaufvertrag abschließt, auf den sich das Vorkaufsrecht nach Maßgabe der gesetzlichen Vorschriften und nach der lex contractus erstreckt. Tritt ein solcher Fall während der meist engbegrenzten Lebensdauer des Vorkaufsrechtes (vgl. § 514 BGB.) überhaupt nicht ein, so erlischt dieses, ohne jemals praktisch geworden zu sein.

Eine ähnliche Bewandtnis hat es mit der in Abs. 2 von § 1113 und in § 1209 BGB. ausdrücklich für zulässig erklärten Bestellung einer Hypothek oder eines Pfandrechtes an einer beweglichen Sache für eine künftige oder bedingte Forderung. Was zunächst eine derartige Hypothekbestellung betrifft, so unterscheidet sich die durch sie geschaffene Rechtslage von der aus einer bedingten Hypothekbestellung sich ergebenden zwar offenbar dadurch, daß die Hypothek in jenem Falle, sobald feststeht, daß die Forderung nicht mehr zur Entstehung gelangen kann, Eigentümerhypothek wird (§ 1163 Abs. 1 BGB.), während in diesem Falle durch die Vereitelung der Erfüllung der Bedingung herausgestellt wird, daß eine Hypothek überhaupt nicht und somit auch keine Eigentümerhypothek zur Entstehung gelangt ist[34]). Legt man sich jedoch die Frage vor, was jene Rechtslage, solange noch ungewiß ist, ob die Forderung, zu deren Sicherung die Hypothek bestellt ist, zur Entstehung gelangen werde, für den eingetragenen Hypothekar bedeutet, so wird man zugestehen müssen, daß sie sich für ihn nur als rechtlich gesicherte Anwartschaft projiziert, deren Verwirklichung von der Entstehung der Forderung abhängig ist, und daß sie den anwartschaftlichen Charakter somit mit der auf bedingter Hypothekbestellung beruhenden Rechtsstellung gemein hat. In gleicher Weise ist für

---

[34]) Vgl. auch Planck, Kommentar III Erl. 5 zu § 1113.

die Dauer der bezeichneten Ungewißheit die Stellung desjenigen zu bestimmen, welchem eine bewegliche Sache für eine künftige oder bedingte Forderung verpfändet worden ist. Die Ähnlichkeit mit dem Falle der bedingten Verpfändung einer beweglichen Sache drängt sich hier sogar noch viel unmittelbarer auf, weil im Fahrnis= rechte eine der hypothekenrechtlichen Bestimmung des § 1163 Abs. 1 entsprechende Vorschrift fehlt.

Ungeachtet des anwartschaftlichen Charakters der eben be= sprochenen Rechtsstellungen und ungeachtet des Umstandes, daß deren praktischer Gehalt von der ungewissen Gestaltung der Zukunft abhängig ist, behandelt die Rechtsordnung sie doch als gegenwärtige Rechte und läßt sie den abgeleiteten Erwerb des Inhabers der Rechtsstellung schon mit der Perfektion des Bestellungsgeschäftes eintreten. Demgemäß leitet der Vorkaufsberechtigte, sowie der in Ansehung einer künftigen oder bedingten Forderung sichergestellte Hypothekar bezw. Pfandgläubiger seine Rechtsstellung grundsätzlich von derjenigen Rechtsstellung ab, welche dem Besteller zur Zeit der Bestellung zukam, bestimmt sich nach dieser Zeit der dem Hypo= thekar bezw. Pfandgläubiger zukommende Rang (§§ 879, 1209 BGB.), und vermitteln die Vorschriften über den Erwerb auf Grund einer Verfügung des Nichtberechtigten dem Verfügungs= empfänger den Erwerb der bezeichneten Rechtsstellungen[35] schon mit dem Zeitpunkte, in welchem sich im Falle der Vornahme der Verfügung durch den Berechtigten die Rechtsableitung von dessen Rechte vollziehen würde (vgl. §§ 892, 1208, 1209 BGB.).

Bei der auf bedingter Verfügung beruhenden Anwartschaft kann es sich nicht anders verhalten. Zu diesem Ergebnis führt übrigens nicht nur ein Analogieschluß, es läßt sich auch selbständig

---

[35]) Dies wird besonders wichtig, wenn ein Nichtberechtigter für künftige oder bedingte Forderungen eine Höchsthypothek im Sinne des § 1190 BGB. bestellt hat. Hier kommt dem Hypothekar, sofern nur die Voraussetzungen des § 892 BGB. vorliegen, der auf dem öffentlichen Glauben des Grundbuchs beruhende Schutz s o f o r t zustatten, auch wenn noch keine der in Aussicht ge= nommenen Forderungen zur Entstehung gelangt ist.

gewinnen. Auch die unter einer aufschiebenden Bedingung getroffene Verfügung ist Verfügung im technischen Sinne mit schon für die Zeit vor der Erfüllung der Bedingung durchgreifenden Rechtsfolgen. Sie stellt schon sofort die rechtliche Wirksamkeit von Verfügungen, die vom Urheber der bedingten Verfügung nach dieser vorgenommen worden sind, in Frage und führt daher auch schon sofort zu einer Einschränkung seines rechtlichen Könnens. Denn während jener die hier in Frage kommenden Verfügungen, dafern ihnen die bedingte Verfügung nicht vorangegangen wäre, schlechthin hätte treffen können, kann er sie infolge der durch die bedingte Verfügung gegebenen Rechtslage für den Fall der Erfüllung der Bedingung schon jetzt insoweit nicht mehr wirksam treffen, als sie das von der Bedingung abhängig gemachte Recht vereiteln oder beeinträchtigen würden (§ 161). Infolge der bedingten Verfügung tritt ferner nach § 160 und zwar ebenfalls sofort nach ihrer Vornahme eine Minderung des rechtlichen Dürfens des Urhebers der Verfügung ein. Denn, was dieser bisher kraft seines ihm in Ansehung des Gegenstandes der bedingten Verfügung zukommenden Rechtes schlechthin durfte, darf er nun insoweit nicht mehr, als sein Tun zu einer Vereitelung oder Beeinträchtigung der Anwartschaft des bedingt Berechtigten führen würde. Obschon die Erfüllung der Bedingung nicht zur Folge hat, daß das von der Bedingung abhängig gemachte Recht selbst als ein schon zur Zeit der Vornahme des Verfügungsgeschäftes entstandenes zu gelten habe, so schafft die bedingte Verfügung doch nach den bezeichneten Richtungen hin einen rechtlich bedeutsamen Schwebezustand und vermittelt sie dem bedingt Berechtigten einen im Falle der Erfüllung der Bedingung als wirksam sich erweisenden sofortigen Erwerb[36]), der seine Festigung auch noch dadurch erhält, daß der Rang des in Aussicht stehenden Rechtes durch die

---

[36]) Vgl. übrigens auch Enneccerus, Lehrbuch I S. 462, der wie die Anwartschaft aus betagter Verfügung, so auch die aus bedingter Verfügung schon als subjektives Recht im technischen Sinne konstruiert.

bedingte Verfügung schon im voraus festgelegt ist. Knüpfen sich aber an die bedingte Verfügung schon sofortige Verfügungswirkungen, so kann der durch sie vermittelte abgeleitete Erwerb grundsätzlich nur von dem dem Verfügenden zur Zeit der Verfügung zukommenden Rechte abgeleitet sein und müssen ihm — wie durch die §§ 893, 1208, 2367 auch unzweideutig bestätigt wird — die Vorschriften zugunsten derjenigen, welche Rechte von einem Nichtberechtigten ableiten, schon s o f o r t zustatten kommen.

Tritt späterhin die Bedingung ein, so ist die sich hierbei ergebende Rechtslage genau dieselbe wie im Falle einer unbedingt, aber mit Beifügung eines Anfangstermins getroffenen Verfügung beim Eintritte des Anfangstermins. Dem Verfügungsempfänger erwächst also aus der bisherigen Anwartschaft von selbst das erwartete Recht. Die Erklärung dieses Vorgangs aus einer erst jetzt sich vollziehenden Rechtsnachfolge in das Recht des Bestellers ist aus denselben Gründen ausgeschlossen, aus welchen sich die Unmöglichkeit der Erklärung des analogen Vorgangs im Falle einer mit Beifügung eines reinen Anfangstermins erfolgten Rechtsübertragung oder Rechtsbestellung bereits ergeben hat: Verzichtet ein Grundstückseigentümer, nachdem er einem Anderen an seinem Grundstück unter einer aufschiebenden Bedingung ein Erbbaurecht, eine Dienstbarkeit oder eine Hypothek bestellt hat, auf das Eigentum am Grundstück nach § 928, so verwirklicht sich mit dem Eintritte der Bedingung trotzdem die Anwartschaft des bedingt Berechtigten, aber selbstverständlich nicht auf dem Wege der Rechtsableitung aus einem zur Zeit der Erfüllung der Bedingung nicht mehr vorhandenen Rechte.

VII. Das kurze Ergebnis der bisherigen Ausführung ist, daß sich die auf Grund betagter oder bedingter Verfügung eintretende Rechtsnachfolge grundsätzlich schon mit der Perfektion des Verfügungsgeschäftes und keinesfalls erst mit dem Eintritte des Termins, der Erfüllung der Bedingung vollzieht. Demgemäß gehört daher auch der Anwärter aus einer betagten oder bedingten Verfügung zu denjenigen Rechtsnachfolgern des Verfügenden, für und gegen welche das in einem über den Gegenstand der bedingten Verfügung zwischen dem Verfügenden und einem Dritten geführten Prozesse ergangene Urteil nach § 325 Abs. 1 CPO. wirkt, nicht, wenn das Verfügungsgeschäft schon vor dem Eintritte der Rechtshängigkeit vollendet war, mag auch der Termin erst nachträglich eingetreten, die Bedingung erst nachträglich erfüllt worden sein.

Obschon sich dieses Ergebnis in direkten Gegensatz zur herrschenden Lehre stellt, so dürfte es doch an einer Brücke zur Verständigung nicht fehlen. Denn, was zunächst Planck betrifft, so scheint er selbst eine Lösung für wünschenswert zu halten, welche die Nichterstreckung des § 325 Abs. 1 CPO. auf unsere Anwärter ermöglicht. Hellwig aber hat sich in einem wichtigen Kapitel seines Werkes über die Rechtskraft S. 253 ff. der in der vorliegenden Abhandlung vertretenen Auffassung bereits in dem Maße genähert, daß sie in dessen eigenen Ausführungen ausgiebigste Unterstützung findet.

Nach Hellwig, a. a. O. S. 256 wird der zur Sicherung eines Anspruchs der im § 883 BGB. bezeichneten Art grundbücherlich Vorgemerkte „durch die Erlangung des Vormerkungsrechts Rechtsnachfolger desjenigen, dessen Recht mit der Vormerkung belastet wird". Auf Grund dieser kaum zu bestreitenden Prämisse gewinnt Hellwig S. 257 den unabweisbaren Schluß, daß dem Vorgemerkten der ungünstige Ausgang eines zwischen dem Vormerkungsbelasteten und einem Dritten in Ansehung des mit der Vormerkung belasteten Gegenstandes geführten Prozesses dann nicht schaden kann, wenn die Vormerkung zur Zeit des Prozeßbeginns bereits eingetragen war. Indem sich der Verfasser dieser Abhandlung hiermit vollständig einverstanden erklärt[37]), muß er aber doch zugleich daran erinnern, daß die Eintragung einer Vormerkung zur Sicherung eines betagten oder bedingten Anspruchs auf Einräumung eines Grundstücksrechtes

---

[37]) Dies entspricht auch durchaus den Ergebnissen meines Dekanatsprogramms von 1904: Kommt dem Vorgemerkten der öffentliche Glaube des Grundbuchs zustatten?

— und Hellwigs Ausführungen beziehen sich auch auf diese Fälle — doch unmöglich stärker wirken kann als die mit Beifügung eines Anfangstermins oder einer Bedingung erfolgte Rechtseinräumung selbst. Die Vormerkung zur Sicherung eines Anspruchs auf Rechtsübertragung oder Rechtsbestellung bedeutet im Verhältnis zur betagten oder bedingten Rechtsübertragung und Rechtsbestellung immer ein minus, wie sich am allerbesten daraus ergibt, daß die wirksame Vornahme einer betagten oder bedingten Auflassung ausgeschlossen, die Vormerkung eines eventuellen Anspruchs auf Eigentumsübertragung (als das minus gegenüber jenem maius) dagegen zulässig ist. Wenn sich also Hellwig zur Meinung bekennt, daß der Vorgemerkte schon infolge der Vormerkung Rechtsnachfolger des Vormerkungsbelasteten wird, gibt er damit implicite zu, daß, soweit die Vorschriften über Rechtsableitung überhaupt durchgreifen, auch die betagte oder bedingte Rechtsübertragung und Rechtsbestellung einen sofort eintretenden abgeleiteten Erwerb des Anwärters vermittelt.

VIII. Die bereits im Eingange erwähnte Schrift von Walsmann behandelt unser Thema nicht ex professo, sondern streift es nur. Die mit Beifügung eines Anfangstermins getroffenen Verfügungen bleiben dabei unerörtert, und nur den bedingten Verfügungen werden einige gelegentliche Bemerkungen gewidmet.

Der Verfasser stellt zwei Beispielsfälle einander gegenüber (vgl. S. 156/7) und gelangt auf Grund derselben zu dem Ergebnis, daß die Entscheidung der Frage, ob das in dem zwischen dem Verfügenden und dem Dritten geführten Prozesse, dessen Beginn in die Zeit nach der bedingten Verfügung und vor der Erfüllung der Bedingung fällt, ergangene rechtskräftige Urteil gegen den Anwärter wirke, wesentlich davon abhänge, ob die vom Dritten zur Geltendmachung seines, die Rechtsstellung des Anwärters beeinträchtigenden Rechtes vorgebrachten Tatsachen der Zeit vor oder der Zeit nach der Begründung der Anwartschaft angehören. In jenem Falle müsse der Anwärter die Rechtskraftwirkung gegen sich gelten lassen, in diesem dagegen nicht.

Der zweite Teil dieser Entscheidung wird darauf gestützt, daß eine Rechtsordnung, die den Anwärter in der im § 161 bezeichneten Weise gegen beeinträchtigende Verfügungen schützt, die der Urheber der bedingten Verfügung nach dieser vorgenommen hat, gegen den Anwärter nicht ein in einem Prozesse der hier in Frage kommenden Art ergangenes Urteil gelten lassen könne, das einem Dritten auf Grund einer vom Auktor des Anwärters getroffenen und nach § 161 unwirksamen Verfügung ein die Verwirklichung der Anwartschaft vereitelndes oder beeinträchtigendes Recht zuspricht. In Fällen solcher Art müsse daher die Rechtsnachfolge des Anwärters in das Recht des Auktors mit Rücksicht auf § 161 schon auf den Zeitpunkt der Vornahme des Verfügungsgeschäftes verlegt werden. Beruhe dagegen das dem Dritten im rechtskräftigen Urteil zugesprochene Recht auf Tatsachen, die der bedingten Verfügung vorangegangen sind, so sei eine Zurückverlegung des abgeleiteten Erwerbes des Anwärters auf den Zeitpunkt der Vornahme der bedingten Verfügung nicht angebracht, und trete daher auch die Rechtskraftwirkung gegen den Anwärter ein.

An dieser Darlegung ist so viel richtig, daß der Eintritt der Rechtskraftwirkung gegen den Anwärter bei der zuerst besprochenen Sachlage zu ganz besonders krassen und der Absicht des Gesetzes offenbar zuwiderlaufenden Ergebnissen führen müßte[38]). Unhaltbar

---

[38]) In Anknüpfung an Walsmann S. 157, aber in freier Umgestaltung des von ihm angenommenen Sachverhaltes soll folgender Fall vorgelegt werden: A hat seinen Hund dem B unter Beifügung einer aufschiebenden Bedingung zu Eigentum übertragen und dabei den Hund auch dem B übergeben. Allein der Hund läuft einige Zeit darauf von B wieder fort und kehrt zu seinem früheren Herrn zurück. Dieser veräußert ihn durch constitutum possessorium an den C und wird, weil er die Herausgabe des Hundes unter nichtigen Vorwänden verweigert hatte, von C verklagt. Laut des ergangenen rechtskräftigen Urteils ist A zur Anerkennung des klägerischen Eigentums und zur Herausgabe des Hundes verurteilt worden. Im Laufe des Prozesses war die von A vorgenommene bedingte Eigentumsübertragung an B überhaupt nicht zur Sprache gekommen. Nachdem C in der angegebenen Weise den Besitz des Hundes erlangt hat, macht B mit Berufung darauf, daß die Bedingung der an ihn erfolgten Eigentumstradition soeben erfüllt sei, gegen den C den Eigentumsanspruch geltend. C beruft sich dem gegenüber auf das gegen den A erstrittene Urteil.

ist es dagegen, wenn Walsmann den Zeitpunkt der Rechtsnachfolge des Anwärters in das Recht des Auktors nach Maßgabe der Zeit bestimmt wissen will, welcher die Tatsachen angehören, auf die sich der Dritte gestützt hat. Die Frage nach dem Zeitpunkte der Rechtsnachfolge des Anwärters kann nur aus materiellrechtlichen Gesichtspunkten beantwortet werden und hat mit dem prozessualen Vorbringen des Dritten gar nichts zu schaffen. Die von Walsmann gegebene Lösung ist außerdem praktisch ganz undurchführbar. Denn der mit dem Auktor prozessierende Dritte ist vor allem in keiner Weise genötigt, hinsichtlich der von ihm vorgebrachten Tatsachen genaue Zeitangaben zu machen, aus denen zu entnehmen wäre, in welchem zeitlichen Verhältnisse diese Tatsachen zu der vom Auktor schon vor dem Beginn des Prozesses vorgenommenen bedingten Verfügung stehen. Selbst wenn aber der Dritte solche Angaben gemacht haben würde, und wenn diese in die Entscheidungsgründe zum ergangenen Urteil übergegangen wären, so könnte dies doch daran nichts ändern, daß nur die Entscheidung über das Recht des Dritten in Rechtskraft erwächst, während eine materiell oder prozessual in Betracht kommende Entscheidung über die Zeit, in welche die erwähnten Tatsachen fallen, nicht vorliegt. Walsmann übersieht endlich, daß der Anwärter infolge des Eingreifens der Vorschriften über den Erwerb vom Nichtberechtigten auf Grund der bedingten Verfügung eine wirksame Anwartschaft selbst dann erlangt haben kann, wenn der Urheber dieser Verfügung sein Recht schon **vorher** einem Dritten übertragen hatte. Hier läßt uns die Lehre Walsmanns ganz im Stiche. Denn ein Erwerb nach den berufenen Vorschriften kann nur in Frage kommen, wenn die Sachlage so beschaffen ist, daß ein abgeleiteter Erwerb aus dem Rechte des Verfügenden vorläge, dafern der Verfügende der Berechtigte wäre. Nun lehnt aber Walsmann eine zugunsten des Anwärters schon mit dem Zeitpunkte der bedingten Verfügung eintretende Rechtsnachfolge durchaus ab, wenn sich der Dritte auf in die Zeit vor der Vornahme der bedingten Verfügung fallende Tatsachen stützt. In Konsequenz dieses Standpunktes muß er daher in unserem Falle der Absicht des Gesetzes zuwider dem Anwärter auch die Berufung auf die Vorschriften über den Erwerb auf Grund der Verfügung eines Nichtberechtigten versagen.

Die Ausführungen Walsmanns vermögen also die vorhin herausgestellten Ergebnisse nicht zu erschüttern, sondern bestätigen vielmehr, daß eine befriedigende Lösung unseres Problems nur auf dem in dieser Abhandlung eingeschlagenen Wege zu gewinnen ist.

B. Rechtsnachfolge des Rückfallsberechtigten beim Eintritte eines Endtermins oder einer auflösenden Bedingung?

Die durch die Überschrift angedeutete und genauer dahin zu fassende Frage, ob, wer einem Anderen ein Recht unter Beifügung eines Endtermins oder einer auflösenden Bedingung übertragen hatte [39]), mit dem Eintritte des Termins, mit der Erfüllung der auflösenden Bedingung Rechtsnachfolger des bisher Berechtigten werde, wird fast allgemein verneint [40]). Damit ist zugleich auch die Frage verneint, ob das in einem zwischen dem derzeit Berechtigten und einem Dritten über das in Betracht kommende Recht geführten und vor dem Eintritte des Termins, vor der Erfüllung der Bedingung begonnenen Prozesse ergangene rechtskräftige Urteil nach § 325 Abs. 1 CPO. [41]) für und gegen den Rückfallsberechtigten wirke.

Eine Sonderstellung nimmt nur Hellwig, Rechtskraft S. 111 und Zivilprozeßrecht I S. 276 ff. ein, der die gestellten Fragen mit voller Bestimmtheit bejaht. Für ihn ist maßgebend, daß der beim Eintritte des Endtermins, der auflösenden Bedingung Rückfallsberechtigte sich vor diesem Eintritte wesentlich in derselben Stellung

---

[39]) Auf die rechtliche Natur der Nacherbfolge wird hier nicht eingegangen.
[40]) Belege sind überflüssig, doch mag auf die Nachweisungen bei Hellwig, Rechtskraft S. 111 Anm. 5, verwiesen werden.
[41]) Die auf die Prozeßführung des Vorerben sich beziehenden Sonderbestimmungen des § 326 CPO. interessieren hier nicht.

befinde wie derjenige, welchem ein Recht unter Beifügung eines Anfangstermins oder einer aufschiebenden Bedingung übertragen worden ist. Die nahe Verwandtschaft der beiden Gestaltungen ist ohne weiteres zuzugeben und tritt mit besonderer Deutlichkeit hervor, wenn ein Berechtigter, nachdem er sein Recht, etwa eine Rentenschuldberechtigung, unter Beifügung eines Anfangstermins oder einer aufschiebenden Bedingung an den A abgetreten hatte, eine weitere Abtretung an den B vornimmt, zufolge deren der bei der ersten Abtretung bestimmte Anfangstermin, bezw. die dabei bestimmte aufschiebende Bedingung den Endtermin bezw. die auflösende Bedingung für das Recht des B bilden soll[42]).

Für diejenigen, welche bei aufschiebend betagten oder bedingten Verfügungen den abgeleiteten Erwerb des Anwärters erst mit dem Anfangstermin, der Erfüllung der Bedingung eintreten lassen[43]), dürfte es schwer sein, der dargelegten Auffassung Hellwigs mit Erfolg entgegenzutreten. Beurteilt man die Frage dagegen von demjenigen Standpunkte aus, welcher im ersten Teile dieser Abhandlung vertreten worden ist, so entfällt jede Schwierigkeit und gestaltet sich die Auseinandersetzung mit Hellwig überaus einfach. Nach dessen Lehre würde A im vorgelegten Falle mit dem Eintritte des Termins, mit der Erfüllung der Bedingung Rechtsnachfolger des B werden. Allein gerade dies darf auf Grund der Ergebnisse unseres ersten Teiles als ausgeschlossen betrachtet werden. Denn ihnen zufolge ist A — soweit die Vorschriften über Rechtsableitung von dem Rechte des Verfügenden durchgreifen — schon zur Zeit der zu seinen Gunsten getroffenen Verfügung Rechtsnachfolger des Verfügenden geworden, und kann er daher als Rechtsnachfolger des B nicht in Betracht kommen.

Ganz besonders lehrreich wird aber unser Fall, wenn man sich den Verfügenden als Nichtberechtigten denkt. Nimmt man

---

[42]) Es ist klar, daß der A sich in diesem Falle ganz in derselben Rechtsstellung befindet, in der sich der Verfügende nach der Abtretung an den B selbst befinden würde, wenn er die frühere Abtretung an den A nicht vorgenommen hätte.

[43]) Vgl. darüber oben S. 140 (6).

dabei außerdem noch an, daß A zur Zeit der zu seinen Gunsten getroffenen Verfügung die Unrichtigkeit des Grundbuchs kennt, wogegen B diese Unrichtigkeit zu der für seinen Erwerb maßgebenden Zeit nicht kennt, so ist B durch den öffentlichen Glauben des Grundbuchs geschützt, während dem A gegenüber der Berichtigungsanspruch (vgl. § 894 BGB.) desjenigen begründet ist, welcher zur Zeit der vom Scheinberechtigten vorgenommenen Verfügung der wirklich Berechtigte gewesen ist. Die Annahme, daß A mit dem Eintritte des Termins, mit der Erfüllung der Bedingung Rechtsnachfolger des B werde, stellt sich also abermals als unhaltbar heraus [44]). Nimmt man aber in unserem Falle an, daß auch A die Unrichtigkeit des Grundbuchs nicht kannte, so hat er seine Anwartschaft schon zur Zeit der zu seinen Gunsten getroffenen bedingten oder betagten Verfügung kraft des öffentlichen Glaubens des Grundbuchs erworben, und kann ihm, da sein Erwerb dem des B vorangeht, der Eintritt des Endtermins, die Erfüllung der auflösenden Bedingung erst recht nicht eine Rechtsnachfolge in das Recht des B vermitteln. Aus diesen Gründen ist daher der im Eingange dieses Abschnittes erwähnten herrschenden Meinung beizutreten.

---

[44]) Vgl. übrigens auch das in meinem Erbrecht I S. 11 Anm. 3 gegebene Beispiel.

Printed by Libri Plureos GmbH
in Hamburg, Germany